Marijke Lichte

Lévi-Strauss versus Freud - Eine Gegenüberstellung des Kapitels VII 'Die archaische Illusion' bei Lévi-Strauss mit Siegmund Freuds 'Totem und Tabu'

GRIN Verlag

Bibliografische Information der Deutschen Nationalbibliothek:

Die Deutsche Bibliothek verzeichnet diese Publikation in der Deutschen National-
bibliografie; detaillierte bibliografische Daten sind im Internet über http://dnb.d-
nb.de/ abrufbar.

Dieses Werk sowie alle darin enthaltenen einzelnen Beiträge und Abbildungen
sind urheberrechtlich geschützt. Jede Verwertung, die nicht ausdrücklich vom
Urheberrechtsschutz zugelassen ist, bedarf der vorherigen Zustimmung des Verla-
ges. Das gilt insbesondere für Vervielfältigungen, Bearbeitungen, Übersetzungen,
Mikroverfilmungen, Auswertungen durch Datenbanken und für die Einspeicherung
und Verarbeitung in elektronische Systeme. Alle Rechte, auch die des auszugsweisen
Nachdrucks, der fotomechanischen Wiedergabe (einschließlich Mikrokopie) sowie
der Auswertung durch Datenbanken oder ähnliche Einrichtungen, vorbehalten.

Impressum:

Copyright © 2003 GRIN Verlag GmbH
Druck und Bindung: Books on Demand GmbH, Norderstedt Germany
ISBN: 978-3-640-28203-6

GRIN - Your knowledge has value

Der GRIN Verlag publiziert seit 1998 wissenschaftliche Arbeiten von Studenten, Hochschullehrern und anderen Akademikern als eBook und gedrucktes Buch. Die Verlagswebsite www.grin.com ist die ideale Plattform zur Veröffentlichung von Hausarbeiten, Abschlussarbeiten, wissenschaftlichen Aufsätzen, Dissertationen und Fachbüchern.

Besuchen Sie uns im Internet:

http://www.grin.com/

http://www.facebook.com/grincom

http://www.twitter.com/grin_com

Universität Hannover

Institut für Soziologie

Kulturanthropologisches Seminar

Wintersemester 2002 / 2003

Lévi-Strauss versus Freud

Eine Gegenüberstellung des Kapitels VII „ Die archaische Illusion" bei Lévi-Strauss mit Siegmund Freuds „Totem und Tabu"

Schriftliche Ausarbeitung zum Referat vom 25.11.2002

Marijke Scholz

Einleitung

In dieser schriftlichen Ausarbeitung zum Referat vom 25.1.2002 soll der Versuch unternommen werden, das siebte Kapitel, ,Die archaische Illusion' aus Lévi-Strauss' Buch „Die elementaren Strukturen der Verwandtschaft"[1], Siegmund Freuds Ansichten in „Totem und Tabu"[2] einander gegenüberzustellen.

Beide Autoren untersuchen hier die abgrenzenden Bedeutungsunterschiede zwischen Natur und Kultur und bemühen sich aufzuzeigen, inwieweit das eine aus dem anderen hervorgegangen sein könnte, bzw. inwiefern das eine das andere beeinflusst haben mag. Während Freud – welcher in Bezug auf die Kulturanthropologie kein empirischer Wissenschaftler war – beständig Vergleiche zwischen dem Denken Primitiver, der Kinder und Neurotiker heranzieht um die Beziehung zwischen Ontogenese und Phylogenese der kulturellen Menschheitsentwicklung zu erklären, ist Lévi-Strauss vielmehr daran gelegen, die These, nach der diese kulturelle Entwicklung zwangsläufig alle Stadien der Entwicklung kindlichen Denkens durchläuft, zu widerlegen. An ihre Stelle setzt er die Annahme, sowohl die individuelle als auch die kulturelle Entwicklung schöpfe ihre (sie beeinflussenden und bewirkenden) Grundlagen aus einem universellen Pool an Erfahrungen und Gesetzmäßigkeiten, sodass beide Entwicklungen parallel zueinander verliefen, sich aber nicht in Abhängigkeit voneinander befänden.

Da Lévi-Strauss verschiedene (ebenfalls nicht empirisch tätige) Kulthurtheoretiker kritisiert, ist nicht immer sogleich zu erkennen, wann diese Kritik sich eindeutig gegen Freuds Ansichten wendet. Jene Textstellen, an denen Lévi-Strauss in seiner Arbeit direkt oder indirekt aber offensichtlich auf Freud Bezug nimmt, sollen hier kenntlich und hinterfragbar gemacht werden.

---

[1] Im Folgenden zitiert und im Fließtext übernommen nach: Claude Lévi-Strauss: Die elementaren Strukturen der Verwandtschaft; Suhrkamp Taschenbuch Verlag, Frankfurt am Main 1981

[2] Siegmund Freud: Totem und Tabu (1912-13)
In: Anna Freud, Ilse Gubrich-Simitis (Hg.): Siegmund Freud - Werkausgabe in zwei Bänden; Bd. 2 „Anwendungen der Psychoanalyse"; S. Fischer Verlag, Frankfurt am Main, 1978

Abschnitt I

Im ersten Abschnitt seines Kapitels ‚Die archaische Illusion' versucht Lévi-Strauss herauszufinden, inwieweit das kindliche Denken die Herausbildung von Kulturen beeinflusst, was er folgendermaßen definiert: „Wir meinen den Bereich des kindlichen Denkens, der allen Kulturen einen gemeinsamen und undifferenzierten Fundus an geistigen Strukturen sowie Schemata der Geselligkeit liefert, aus dem jede einzelne Kultur die Elemente schöpft, die es ihr ermöglichen, ihr besonderes Modell zu konstruieren" (L.-S.: S.149). In „Totem & Tabu" versucht Freud etwas ganz ähnliches: „In diesem Buche ist der Versuch gewagt worden, den ursprünglichen Sinn des Totemismus aus seinen infantilen Spuren zu erraten, aus den Andeutungen, in denen er in der Entwicklung unserer eigenen Kindern wieder auftaucht" (S. F.: S.202).

Durch das Aufzeigen bestimmter kindlicher Handlungsweisen will Lévi-Strauss klarmachen, dass diese bereits eine „soziale Komponente" enthalten, wie beispielsweise beim Schenken und dem Wunsch, Geschenke zu erhalten. Dabei sucht er nach deren Ursprung unter Zuhilfenahme der Kinderpsychologie, verwehrt sich aber dagegen, dass das kindliche Denken ein „Stadium ist, welches alle Kulturen (die von Erwachsenen gemacht werden) in ihrer Entwicklung durchlaufen. Beobachtungen durch die Kinderpsychologie zeigten – so Lévi-Strauss – „...Mechanismen, (die) Bedürfnissen und Tätigkeitsformen entsprechen, die sehr fundamental sind und aus diesem Grunde in den tiefsten Nischen des Geistes verborgen liegen" (L.-S.: S.149). Das Kind gäbe diese Mechanismen nicht deshalb zu erkennen, „weil sein Denken ein angebliches ‚Stadium' der geistigen Entwicklung" darstelle, sondern „weil seine Erfahrungen weniger als die eines Erwachsenen von der besonderen Kultur beeinflusst worden sind, zu der es gehört" (ebd.: S.149; Herv.i.O.). Bezogen auf das „Schenken" und „Haben-wollen" äußert Lévi-Strauss, dass „der Wunsch nach Besitz kein Instinkt ist und niemals (oder nur äußerst selten) auf einer objektiven Beziehung zwischen dem Subjekt und dem Objekt gründet" (ebd.: S.150). Was dem Objekt seinen Wert verliehe, sei „die ‚Beziehung' zu anderen" (ebd.: S.150; Herv.i.O.). Einzig die Nahrung habe für den Hungernden einen inneren Wert. Daraus schlussfolgert er, „der Wunsch nach Besitz" sei also „vor allem eine soziale Antwort" (ebd.: S.150). Die scheinbare Großzügigkeit der Kinder bei dem Wunsch, jemandem ein besonders großes und wertvolles Geschenk zu machen, sei hingegen „nur die Transposition einer Ausgangssituation", wobei die Kinder ständig zwischen „unsterblicher Liebe und grenzenlosem Hass" schwankten (ebd.: S.152).

Diese Ambivalenz der Gefühle erklärt Freud wie folgt aus dem Ödipuskomplex, welcher für ihn ein Grundstadium der frühkindlichen Entwicklung darstellt und aus dem heraus er die Entstehung der Totemkultur konstruiert, deren aus ihr hervorgegangenen Tabuvorschriften in jeder menschlichen Kultur noch heute fortbestehen. „Der aus der Nebenbuhlerschaft bei der Mutter hervorgehende Hass kann sich im Seelenleben des Knaben nicht ungehindert ausbreiten, er hat mit der seit jeher bestehenden Zärtlichkeiten und Bewunderung für dieselbe Person zu kämpfen, das Kind befindet sich in doppelsinniger - *ambivalenter* - Gefühlseinstellung gegenüber dem Vater und schafft sich Erleichterung in diesem Ambivalenzkonflikt, wenn es seine feindseligen und ängstlichen Gefühle auf ein Vatersurrogat verschiebt" (S. F.: S.304; Herv.i.O.). Diese Verschiebung könne aber den Konflikt „nicht in der Weise erledigen, dass sie eine glatte Scheidung der zärtlichen von den feindseligen Gefühlen herstellt" (ebd.: S.304). Vielmehr setze sich der Konflikt auf das Verschiebungsobjekt fort, die Ambivalenz griffe auf dieses letztere über (vgl. ebd.: S.304).

In einem sind sich also beide Autoren einig: „Es ist die Feindschaft, die das Drama im Leben der kleinen Kinder wie in dem der Erwachsenen nährt" (L.-S.: S.152; Herv.i.O.).

Abschnitt II

Jedoch heißt das für Lévi-Strauss nicht, man könne „in den primitiven Gesellschaften das annähernde Abbild einer mehr oder weniger metaphorischen Kindheit des Menschen" sehen, „dessen wichtigste Stadien auch die geistige Entwicklung des Kindes, auf allgemeiner wie auf individueller Ebene, wiederholen würde" (L.-S.: S.153). Konkreten Bezug zu Freud nehmend, äußert Lévi-Strauss, dieser sei „mehrfach von diesem Schema angezogen worden" (ebd.: S.153).

Auf der Suche nach einer Textstelle in „Totem & Tabu", welche diese Bezugnahme rechtfertigen könnte, stieß ich auf folgenden Versuch Freuds, wahrscheinlich zu machen, dass das totemistische System sich aus den Bedingungen des Ödipuskomplex ergeben hat:

Dieser nimmt an, dass die sich zusammenrottende Brüderschar der Urhorde „von den selben einander widersprechenden Gefühlen gegen den Vater beherrscht war, die wir als Inhalt der Ambivalenz des Vaterkomplexes bei jedem unserer Kinder und unserer Neurotiker nachweisen können" (S.F.: S.314). Zwar sei der Urvater das beneidete und gefürchtete Vorbild eines jeden aus der Brüderschar gewesen, doch sie hassten ihn, da er ihrem Machtbedürfnis und ihren sexuellen Ansprüchen im Wege stand. Mit der Tötung des Urvaters und dessen Verzehr entstand nach Freud ein Schuldbewusstsein, da der Tote nun stärker wurde, „als der Lebende gewesen war; ... was er früher durch seine Existenz verhindert hatte, das verboten sie sich jetzt selbst, in der psychischen Situation des uns aus den Psychoanalysen so wohl bekannten ‚nachträglichen Gehorsams'. Sie widerriefen ihre Tat, indem sie die Tötung des Vaterersatzes, des Totem, für unerlaubt erklärten, und verzichteten auf (die) Früchte (dieser Tat), indem sie sich die freigewordenen Frauen versagten" (ebd.: S.314). Aus diesem Zusammenhang leitet Freud ab, dass die Gesellschaft „jetzt auf der Mitschuld an dem gemeinsam verübten Verbrechen" ruht, „die Religion auf dem Schuldbewusstsein und der Reue darüber, die Sittlichkeit teils auf den Notwendigkeiten dieser Gesellschaft, zum anderen Teil auf den vom Schuldbewusstsein geforderten Bußen" (ebd.: S.314). Lévi-Strauss kritisiert hingegen die Annahme, dass innerhalb der Stammesentwicklungen der Menschen verschiedene Etappen der Gesamtentwicklung des Individuums durchlaufen würden. Zu diesem Zweck verweist er auf Piaget (1929), der „einen gewissen Parallelismus zwischen Ontogenese und Phylogenese" einräumt, aber zu bedenken gibt, man habe „den Inhalt des kindlichen Denkens niemals für ein erbliches Produkt des primitiven Bewusstseins gehalten", denn „die Ontogenese erklärt die Phylogenese ebenso sehr wie umgekehrt" (L.-S.: S.153; Herv.i.O.).

Doch Freud setzt scheinbar nicht einmal voraus, dass Kulturen das Stadium des kindlichen Denkens notwendigerweise durchlaufen, oder meint er etwa jene Theorie damit, wenn er hier wie folgt von psychischen Prozessen spricht: „Setzen sich die psychischen Prozesse der einen

Generation nicht auf die nächste fort, müsste jede ihre Einstellungen zum Leben neu erwerben, so gäbe es auf diesem Gebiet keinen Fortschritt und so gut wie keine Entwicklung" (S.F.: S.326)?

Lévi-Strauss untermauert seine Bedenken hinsichtlich der Einflüsse kindlichem, primitivem und neurotischem Denkens auf die Entstehung von Kulturen, indem er denkbare andere Spielarten aufzeigt: „Jeder ( )Versuch einer Assimilation würde nämlich auf die ( ) Tatsache stoßen, dass es nicht nur Kinder, Primitive und Kranke gibt, sondern auch – und zwar gleichzeitig – primitive Kinder und kranke Primitive, desgleichen sowohl primitive als auch zivilisierte psychopathische Kinder" (L.-S.: S.154). Aufgrund empirischer Studien an Kindern kommt Lévi-Strauss zu dem Fazit, dass „im Unterschied zum magischen Denken, des primitiven Menschen, der die Verknüpfung zwischen den Vorstellungen für eine Verknüpfung zwischen den Dingen ansieht", die untersuchten Kinder „die Verknüpfung zwischen den Dingen für eine Verknüpfung zwischen den Vorstellungen" halten (ebd.: S.154). Doch Freud denkt ähnliches über den Neurotiker, wenn er anführt, dass die Neurose dadurch charakterisiert sei, „dass sie die psychische Realität über die faktische setzt, auf Gedanken ebenso ernsthaft reagiert, wie die Normalen auf Wirklichkeiten" und die Vermutung anstellt, es könne sich bei den Primitiven ähnlich verhalten haben (S.F.: S.327). „Ein Stück historischer Realität" erkennt Freud darin, wenn sich die „Zwangsneurotiker, welche heute unter dem Drucke einer Übermoral stehen, sich ( ) gegen die psychische Realität von Versuchungen verteidigen und wegen bloß verspürter Impulse bestrafen", da diese Menschen in ihrer Kindheit „nichts anderes hatten als die bösen Impulse, und in soweit sie in der Ohnmacht des Kindes es konnten", sie „diese Impulse auch in Handlungen umgesetzt" hätten (S.F.: S.328).

Somit stellt Freud eine Verbindung zwischen dem Kind und dem Zwangskranken her, der aus diesem hervorgegangen sei und baut so eine Brücke zur Entwicklung der „primitiven" Völker. Lévi-Strauss vollzieht diesen Schluss nicht mit, er gibt vielmehr zu bedenken: „Primitive Kinder" unterschieden sich von „primitiven Erwachsenen im gleichen Maße, wie dies bei zivilisierten Völkern der Fall ist" (L.-S.: S.154).

Abschnitt III

Im dritten Abschnitt bringt Lévi-Strauss den Aspekt eines vorstellbaren „universellen Fundus" in seine Argumentation ein, aus dem alle Kulturmitglieder gleich welchen Alters ihre „ansozialisierten" Verhaltensweisen schöpften. Zu diesem Zweck zitiert er Basov (1929), nachdem „die niederen Strukturen" dazu dienen, „die höheren zu formen; das schließt doch keineswegs die Möglichkeit aus, dass (sie) sich als solche herausbilden und ohne spätere Veränderungen in diesem Zustand verharren" (ebd.: S.157; Herv.i.O.). Lévi-Strauss hebt ferner hervor, dass zwischen „primitivem Denken und zivilisiertem Denken" gewiss Unterschiede bestünden, die jedoch einzig auf die Tatsache zurückgingen, „dass das Denken immer ‚situationsbedingt'" sei (ebd.: S.157; Herv.i.O.).

Der Schlüssel zu der sozialen Entwicklung der Menschen wäre Lévi-Strauss zufolge das Auftauchen „sozialer Instinkte" (ebd.: S.157). Erneut Bezug auf Freud nehmend, fährt er an anderer Stelle fort, es bestünde kein Zweifel daran, dass diese „sozialen Instinkte" eine „individuelle Geschichte und einen psychologischen Ursprung" hätten, „die nicht nur in der Erfahrung der sozialen Welt wurzeln, sondern auch in dem Druck, den die physische Welt ausübt und der bei Kindern unter fünf Jahren eine leidenschaftliche – und sehr – positive Neugier weckt" (L.-S.: S.158; Herv.i.O.). Als einen seiner wichtigsten Argumentationsansätze kann man jenen ansehen, nachdem „auch die primitivste Kultur immer eine Erwachsenenkultur ... und insofern unvereinbar mit den kindlichen Manifestationen" sei, die man „in der entwickeltsten Zivilisation beobachten kann" (ebd.: S.159). Demzufolge blieben ebenso „die psychopathologischen Phänomene beim Erwachsenen ein Faktum des Erwachsenen, dass keinen Vergleich mit dem normalen Denken des Kindes" erlaube (L.-S.: S.159).

Den Vergleich zwischen einem psychopathologischen und einem kulturellen Phänomen führt Freud auf eine auffällige „Übereinstimmung der Zwangsverbote (bei den Nervösen) mit dem Tabu" zurück, wonach „diese Verbote ebenso unmotiviert und in ihrer Herkunft rätselhaft" seien (S. F.: S.223). Demnach sei eine äußere Strafandrohung „überflüssig, weil eine innere Sicherheit (ein Gewissen) besteht, die Übertretung werde zu einem unerträglichen Unheil führen". Freud zufolge äußert sich die Übereinstimmung der Tabugebräuche mit den Symptomen der Zwangsneurose am deutlichsten „in der Unmotiviertheit der Gebote", „in ihrer Befestigung durch eine innere Nötigung", „in ihrer Verschiebbarkeit und in der Ansteckungsgefahr" und „in der Verursachung von zeremoniösen Handlungen" (vgl. ebd.: S.225).

Lévi-Strauss widerspricht Freud, indem er zu bedenken gibt, dass pathologisches Denken und primitives Denken dem kindlichen Denken insofern entgegenstünden, als „jedes von beiden ein

Denken von Erwachsenen" sei. Beide hätten aber wohl ihrerseits ein gemeinsames Merkmal, das sie vom primitiven Denken unterscheidet: „Das letztere ist ebenso vollständig und systematisch sozialisiert wie das unsere, während die ersteren einer relativen individuellen Unabhängigkeit entsprechen, die sich natürlich in beiden Fällen aus ganz verschiedenen Gründen erklärt" (L.-S.: S.165). Auch Lévi Strauss geht davon aus, dass gewisse Verhaltensmuster seit Bestehen der Menschheit weitervererbt werden, doch wenn diese auch bei jedem Individuum dieselben sein mögen, ergibt sich daraus nicht zwangsläufig, dass die weitere Entwicklung bei allen gleich verlaufen muss, wie es der Fall wäre, wenn jede Kultur das Kindesstadium durchlaufen würde. Seiner Ansicht nach brächte jedes Kind „bei seiner Geburt in Form angedeuteter geistiger Strukturen sämtliche Instrumente mit, über die die Menschheit seit jeher verfügt, um ihre Beziehungen zur Welt und ihre Beziehungen zu den anderen zu definieren. Folglich stellt jeder Typus sozialer Organisation eine Auswahl dar. Im Vergleich zum Denken des Erwachsenen, das gemäß den Anforderungen der Gruppe ausgewählt und verworfen hat, bildet das Denken des Kindes also eine Art universales Substrat, auf dessen Stufe sich die Kristallisierungen noch nicht vollzogen haben" (L.-S.: S.160). Am Beispiel des Erlernens einer Sprache verdeutlicht Lévi-Strauss seine Argumentation über diesen Auswahlprozess, da ebenfalls „jede Sprache nur eine sehr kleine Zahl unter den möglichen Lauten" auswählt, „die der Sprechapparat hervorzubringen vermag". Diese Auswahl sei in gewisser Weise „regressiv", da „in dem Augenblick, da sie einsetzt" die unbegrenzten Möglichkeiten, „die auf phonetischer Ebene offenstanden, unrettbar verloren" seien (ebd.: S.161). Daraus ergibt sich für Lévi-Strauss die Konsequenz, „dass das kindliche Denken so etwas wie einen gemeinsamen Nenner aller Denkformen und aller Kulturen bildet" und möchte daher lieber vom „Polymorphismus" des kindlichen Denkens sprechen, wobei er „diesen Terminus in einem ähnlichen Sinn" verwendet „wie die Psychoanalyse, wenn sie das Kind als ‚polymorph-pervers' beschreibt", indem er anführt, dass das Kind für den Ethnologen „polymorph-sozial" sei (L.-S.: S.162; Herv.i.O.).

Die Analogien zwischen primitivem Denken und kindlichem Denken beruhen – nach Lévi-Strauss - also nicht „auf einem angeblich archaischen Charakter des ersteren, sondern auf einem Unterschied in der Ausdehnung, der das letztere zu einer Art Treffpunkt oder Dispersionszentrum für alle möglichen kulturellen Thesen macht" (L.-S.: S.162). Die scheinbare „Regression", welche die kulturelle Entwicklung einer Menschengesellschaft erfährt, ist demnach also „keine Rückkehr zu einem archaischen ‚Stadium' der geistigen Entwicklung des Individuums oder der Gattung", es sei vielmehr „die Wiederherstellung einer Situation, die derjenigen ähnelt, die in den Anfängen des individuellen Denkens" geherrscht haben mag (L.-S.: S.164).

Schlussbemerkung

Eine Verbindung zwischen „primitivem", kindlichem und neurotischem Denken besteht also nach Meinung beider Autoren unumstritten, obgleich die Entwicklung „primitiver" Gesellschaften hin zu zivilisierten nach der Ansicht Lévi-Strauss' kein Stadium der Kindesentwicklung hin zum Erwachsenen Menschen durchlaufen haben muss. Gemeinsamkeiten und Unterschiede zwischen diesen parallel und nicht identisch verlaufenden Entwicklungen sind ihrerseits in einem universalen „Fundus" an Verhaltensmustern und physischen Begebenheiten begründet, der als „historisches Erbe" bezeichnet werden könnte. Unabhängig, wenn auch (dies ist nicht hinreichend widerlegt) gelegentlich voneinander beeinflusst, wird im Verlauf der jeweiligen Entwicklungspfade eine Auswahl an dem Material getroffen, welches aus dem Fundus geschöpft wird. Situationsbedingte Gegebenheiten bewirken ursächlich diese Auswahl, nicht aber linear wirkende Mechanismen, welche Generation um Generation oder Gesellschaft um Gesellschaft zu beständiger Wiederholung zwingen. Welchen Einfluss die individuelle Kindesentwicklung auf die Entstehung späterer Neurosen hat, ist in der Psychoanalyse sicher hinreichend geklärt worden, doch für die Erklärung gesamtgesellschaftlicher Entwicklungsprozesse reicht sie nicht aus. Das mag im besonderen mit daran liegen, dass sich letztere schwerlich vom Schreibtisch aus und ohne empirische Vergleichsmöglichkeiten untersuchen lassen, sodass hier Freuds diesbezügliche Theorien als das angesehen werden müssen, was sie sind: Erklärungsansätze.

Verwendete Literatur

❖ Freud, Siegmund: Totem und Tabu (1912-13)
  In: Anna Freud, Ilse Gubrich-Simitis (Hg.): Siegmund Freud - Werkausgabe in zwei Bänden;
  Bd. 2 „Anwendungen der Psychoanalyse"; S. Fischer Verlag, Frankfurt am Main, 1978

❖ Lévi-Strauss, Claude: Die elementaren Strukturen der Verwandtschaft; Suhrkamp Taschenbuch Verlag, Frankfurt am Main 1981